Enrique del Cerro Calderón

Análisis del personaje de Calírroe en "Quéreas y Calírroe de Caritón" de Caritón de Afrodisias

GRIN Publishing

Bibliographic information published by the German National Library:

The German National Library lists this publication in the National Bibliography; detailed bibliographic data are available on the Internet at http://dnb.dnb.de .

Imprint:

Copyright © 2011 GRIN Verlag, Open Publishing GmbH
Print and binding: Books on Demand GmbH, Norderstedt Germany
ISBN: 978-3-656-31447-9

This book at GRIN:

http://www.grin.com/es/e-book/199775/analisis-del-personaje-de-calirroe-en-que-reas-y-calirroe-de-cariton-de

GRIN - Your knowledge has value

Since its foundation in 1998, GRIN has specialized in publishing academic texts by students, college teachers and other academics as e-book and printed book. The website www.grin.com is an ideal platform for presenting term papers, final papers, scientific essays, dissertations and specialist books.

Visit us on the internet:

http://www.grin.com/

http://www.facebook.com/grincom

http://www.twitter.com/grin_com

Análisis del personaje de Calírroe en *Quéreas y Calírroe* de Caritón de Afrodisias

Enrique del Cerro Calderón

"Pervivencia de la novela"

Máster en el mundo clásico y su proyección en la cultura occidental

Curso 2010- 2011

Quéreas y Calírroe[1] es la más antigua de las novelas griegas que conservamos íntegras. Los críticos sitúan su composición aproximadamente en el s. I d.C. entre los fragmentos en papiro de la novela de *Nino y Semíramis*, datada aproximadamente en el 100 a.C., y las *Efesíacas* de Jenofonte de Éfeso del s. II d.C. La novela es el más tardío de los géneros literarios que nacieron en Grecia aunque cuenta con fuertes influencias de géneros anteriores como la historiografía, la épica y el drama. Es un producto de la época helenística cuyos rasgos se aprecian en todas las obras conservadas.

Precisamente uno de los rasgos más característicos de esta época es la revalorización de la figura femenina. En comparación con las mujeres que aparecían en los géneros literarios anteriores, las protagonistas de las novelas no son grandes heroínas ni personajes de la mitología sino mujeres corrientes que, en un momento dado y por circunstancias muy concretas, se convierten en protagonistas para volver a su cotidianidad y anonimato una vez que la aventura en cuestión que les ha tocado vivir llega a su fin.

En el presente trabajo vamos a centrarnos en el personaje de Calírroe, la protagonista femenina de la novela de Caritón de Afrodisias, abordándolo desde todos los ángulos posibles para así obtener una caracterización lo más completa del personaje que nos permita sacar las conclusiones pertinentes. Para el análisis tendremos en cuenta toda aquella información que el narrador omnisciente nos proporciona sobre el personaje. La novela cuenta, además, con muchas partes en estilo directo, ya sean diálogos o monólogos, por tanto, analizaremos también lo que la protagonista dice sobre sí misma (deseos, anhelos, frustraciones, quejas, etc) y sobre otros y, al revés, lo que otros personajes refieren sobre ella.

Nos parece de suma importancia destacar además cómo es su relación con los otros personajes principales, Quéreas y Dionisio, sus dos maridos. Teniendo en cuenta esto, nos parece oportuno distribuir el trabajo en dos grandes secciones. Por un lado, la descripción en profundidad del personaje de Calírroe. Por otro, la explicación de su relación con los dos personajes masculinos principales.

---

[1] Seguimos la edición de Mª Cruz Herrero Ingelmo citada en la bibliografía.

Según García Gual[2] el título original de la novela de Caritón era *Calírroe* y no *Quéreas y Calírroe* como la conocemos en la actualidad, probablemente por influencia del resto de novelas que han llegado hasta nosotros cuyos títulos se componen de la unión de los nombres propios de los protagonistas, primero el masculino y a continuación el femenino. El hecho de que ésta llevara como título original solamente el de la protagonista femenina es bastante significativo ya que la verdadera protagonista e hilo conductor de la novela es precisamente Calírroe y no tanto la pareja de amantes como sucede en el resto de la producción.

Efectivamente y, al menos en este caso, el personaje femenino es el eje de la narración, en primer lugar porque su desaparición de la tumba es el hecho que desencadena la acción. En segundo lugar, porque su belleza atrae a todos los protagonistas masculinos que se mueven en órbita alrededor del personaje. Por último, si comparamos la técnica narrativa con la que está construida la novela con el cine, Calírroe es el personaje que acapara mayor número de planos y contraplanos ya que Quéreas hasta el libro VII no cobra un verdadero protagonismo sino que se dedica simplemente a seguir los pasos de su amada.

Empecemos pues con la información que objetivamente se nos da sobre Calírroe. En primer lugar, a diferencia de las grandes heroínas de la epopeya o de la tragedia su origen no es mítico ni pertenece a ninguna realeza sino que el narrador nos presenta a un personaje de origen noble. Se trata de la hija de Hermócrates el estratego de Siracusa famoso, nada menos, que por haber vencido a los atenienses en la famosa expedición a Sicilia que tuvo lugar entre los años 415-413 a.C. Calírroe no es sin embargo, un personaje histórico. Caritón ha escogido este hecho, al igual que la mención a la corte de Artajerjes II de Persia[3], simplemente para encuadrar su creación en un marco histórico que pudiese resultar atractivo al público.

Como hija de un estratego que es, tiene educación y saber estar, como nos hace saber Terón el pirata en I-12-9 cuando pretende venderla a Leonas para que haga de institutriz de la hija de Dionisio. Sin embargo, no es este el rasgo más característico de la protagonista, sino su belleza. Las alusiones a la belleza sin par de Calírroe son

---

[2] "La primera novela", pág. 97.
[3] Hermócrates y Artajerjes II no fueron coetáneos.

constantes a lo largo de toda la narración y merece la pena que nos detengamos y profundicemos un poco en este hecho.

Lo primero que llama nuestra atención es que a pesar de que la belleza de Calírroe sea un tema recurrente, en ningún lugar de la novela aparece ésta descrita específicamente. Lo más que llegamos a ver es en II-2-2 cuando el narrador nos cuenta que su piel es blanca y su cuerpo delicado. Pero esto es todo. Caritón nos hace ver la belleza de Calírroe en abstracto, como un dogma de fe en el que debemos creer sin cuestionar nada.

Sin embargo, los personajes sí que pueden juzgarla. Muchos de ellos piensan que es de origen divino, propia de una diosa, concretamente de Afrodita[4] con quien Calírroe tiene una estrecha relación, como veremos. Incluso estando muerta (aunque esta muerte sea sólo supuesta) no pierde un atisbo de lo que la caracterizó en vida. Según Terón el pirata, esa belleza se vende sola y es lo más preciado del botín que ha encontrado en la tumba. No obstante, el narrador indica en I-12-1 que a éste le costaba venderla porque una belleza tal estaría solamente al alcance de un hombre rico o de un rey.

Dionisio, su segundo marido, compara la belleza de Calírroe con la de Helena y afirma que solo con contemplarla se adivina que la mujer es de noble linaje pues los nobles son bellos por naturaleza[5], como se pensaba en la época. Tal es la belleza de Calírroe que el propio Quéreas, al pensar que la ha matado, pide que lo lapiden por haberle quitado la corona al pueblo (I-5-4)

Otra característica importante de la belleza de Calírroe es que actúa como un imán que atrae hacia sí a los hombres. Esto es convencional en la novela griega, sin embargo, en *Quéreas y Calírroe* se explota más que en otras novelas ya que es uno de los móviles que hacen que la acción avance. El esquema es regular. Un hombre contempla la belleza de Calírroe y automáticamente cae herido de amor, un amor enfermizo que le obliga a intentar conseguir su objeto del deseo a costa de lo que sea.

---

[4] Su belleza no era humana sino divina y no propia de una Nereida o de una Ninfa de las montañas, sino de la misma Afrodita Virgen (I-1-2).
[5] II-1-5

Esto ocurre en primer lugar con Quéreas aunque, en este caso, es por disposición divina. Es Eros el que se empeña en unir a dos hermosos jóvenes. Dionisio cae rendido ante la belleza de Calírroe sin ni siquiera hacer luto por la mujer a la que acaba de enterrar. Lo mismo ocurre con Mitrídates de Caria y Fárrnaces de Lidia y Jonia e incluso con el gran Rey de Persia, Artajerjes II, que buscará toda clase de excusas, aplazando el juicio para ganar tiempo, mientras se le ocurre cómo conseguir a Calírroe.

Como vemos, no son hombres cualquiera los que se enamoran de Calírroe. Su belleza es un imán sólo de hombres ricos y poderosos, pues sólo los nobles están al alcance de otros nobles, parece que se nos quiere transmitir, incluso en lo que a sentimientos se refiere. A pesar de esto, sí que es cierto que la belleza de Calírroe atrae en gran medida al pueblo aunque ya no en sentido erótico, naturalmente, y ello provoca que las multitudes la sigan en su viaje por Jonia y Persia, de pueblo en pueblo, como se indica en V-1-8. En II-7-2 se insinúa que su belleza tiene incluso la capacidad de esclavizar de algún modo a la gente.

Otro rasgo de la belleza de Calírroe es la fama de la misma, una fama que como se describe al comienzo del libro I "se extendía por todas partes y afluían a Siracusa pretendientes, príncipes e hijos de tiranos, no solo de Sicilia, sino también de Italia, del Epiro y de los pueblos del interior"[6]. Esta fama la precede, como sucede en su viaje a Persia[7] y Calírroe es plenamente consciente de ella hasta el punto de ser para ella una condena.La fama de su belleza es la que hace que todos la conozcan y la esperen para, posteriormente, al contemplar esa belleza, caer rendidos irremediablemente ante ella.

En varios momentos se siente la protagonista en peligro por culpa de su belleza o la fama de la misma. En II-2-3, mientras las criadas de Dionisio lavan a Calírroe y ensalzan su belleza, el narrador nos aclara que "disgustaban a Calírroe las alabanzas y no dejaba de adivinar lo que iba a suceder". En V-5-3 ella misma se lamenta de ser tan bella y nos hace ver que su belleza le ha causado ya muchos problemas. En este caso le ha hecho tener que compadecer en un juicio y además presupone no sin razón que Artajerjes se ha enamorado de ella. En VI-6-4 en un sentido monólogo culpa a su belleza de todas las cosas que le han sucedido hasta el momento, siendo la peor de todas haber enamorado al Rey.

---

[6] I-1-2.
[7] IV-7-5.

Sin embargo, no es solamente Calírroe consciente del peligro de su propia belleza sino que otros personajes, como por ejemplo Dionisio en V-2-7 se ven en peligro precisamente por esto.

La belleza de Calírroe es también una amenaza para otras mujeres, como vemos que ocurre en el gineceo de la corte persa donde, antes incluso de que aparezca la propia Calírroe en escena, las mujeres, en alerta ante la fama de ésta, se ven obligadas a prepararse para una dura competición de bellezas. Por mucho que adornan a Rodogune, su candidata, ésta resulta vencida ante el esplendor de Calírroe. Incluso la propia reina de los persas, Estatira, ve a Calírroe como una pesada carga que se ve obligada a custodiar y cuya belleza le hace sentir cuestionada la suya propia mientras está a su cargo.

Hasta aquí el aspecto físico de Calírroe, básicamente una belleza divina, sin par, peligrosa para ella y una trampa para personajes masculinos de alto rango. Analicemos ahora lo que el texto nos deja inferir sobre su personalidad a través de cómo afronta las circunstancias que vive.

Lo primero de lo que nos percatamos tras un detenido análisis de su comportamiento es de que no se trata de un personaje plano o, al menos no responde totalmente al estereotipo de mujer pasiva víctima de las circunstancias que espera pacientemente a que alguien (un hombre) le vaya resolviendo los problemas. Es cierto que su desarrollo a lo largo de la novela no es comparable al de las grandes heroínas de la producción novelística europea contemporánea, al fin y al cabo, *Quéreas y Calírroe* es sólo la primera novela de la tradición occidental, pero sí que se observa en el personaje una evolución y su personalidad está reflejada con profundidad suficiente, como trataremos de mostrar.

Ya hemos señalado que es núcleo de la acción y, además, comparada con las heroínas del resto de la producción griega, resulta más activa y emprendedora. Llama la atención incluso su nivel de resolución en comparación con Quéreas quien, como dijimos, no toma verdadero protagonismo hasta el libro VII. En el análisis de la personalidad vamos a fijarnos en primer lugar en qué aspectos o momentos Calírroe se muestra pasiva o víctima de las circunstancias contrastándolo con lo que en definitiva resulta más interesante, que son aquellos momentos en los que ella decide y toma las riendas de su existencia.

Calírroe es víctima fundamentalmente de dos cosas. La primera es su belleza que, como le ocurría a Helena, le causa problemas. La segunda es la Fortuna que junto con la voluntad de la divinidad (Eros o Afrodita) es uno de los motores que pone en marcha la acción y desencadena las distintas aventuras que vive la protagonista. Ante esto, ¿qué puede hacer Calírroe? No puede luchar contra la voluntad de la divinidad pero, al menos sí puede quejarse de su mala fortuna y hacerle sentidos reproches a la diosa Afrodita. En esto vemos indicios de resolución por parte del personaje que no se conforma simplemente con su suerte sino que, al menos, se permite el pataleo.

En ocasiones, al quejarse contra la fortuna, enumera además la larga retahíla de desventuras que ha padecido hasta el momento con la finalidad, pensamos, como ocurre en otros pasajes, de recapitular datos para que el auditor/lector no pierda en ningún momento el hilo de la narración, como ocurre en I-14-7 al ser raptada por Terón o en V-1-4 al cruzar el Éufrates. Otras veces simplemente enuncia el hecho concreto que motiva su queja, como en II-8-6 al considerar que su hijo va a nacer esclavo o en IV-1-12 por no poder ser enterrada junto a Quéreas.

La relación con Afrodita es constante hasta el final de la narración en que se postra ante la estatua de la diosa en Siracusa para agradecerle el reencuentro con Quéreas y rogarle que no los separe más[8] pero, antes de que esto ocurra, se han sucedido las súplicas y reproches por diversas causas, como en VII-5-3 a causa de la guerra. En cierta ocasión (II-2-6) siente incluso miedo ante la presencia de la diosa en Mileto y la acusa de ser la causa de todos sus males. En Mileto también la hace cómplice de su embarazo y del engaño a Dionisio (III-2-13). También sabe mostrarse agradecida por el feliz alumbramiento de su hijo y por la protección de la diosa (III-8-7).

Las quejas contra la fortuna o Afrodita suele hacerlas en la intimidad, cuando se encuentra sola pues, aunque esté desesperada o sienta miedo, procura no mostrarlo ante los demás para dar la impresión de fortaleza. La fortuna o los dioses son los que marcan el destino de los hombres y Calírroe lo tiene claro pero, aún así, el personaje es capaz de tomar decisiones importantes de manera autónoma. La más importante es, sin duda, la

---

[8] VIII-8-15.

de dar a luz al hijo de Quéreas y hacerlo pasar por hijo de Dionisio para salvarlo. Al final, será éste el premio de consolación que el propio Dionisio obtendrá de su infructuosa boda con Calírroe.

Otro momento importante es, cómo no, la decisión de no tomar a Estatira como esclava (como le propone Quéreas) y devolverla sana y salva a Artajerjes. Ella, al fin y al cabo, nunca se sintió esclava de Estatira y entre ambos personajes existe cierta solidaridad femenina que acaba en amistad.

Calírroe es víctima, además, de los hombres. A lo largo del relato es raptada y llevada en contra de su voluntad de un sitio a otro. Los piratas la sacan de Siracusa para venderla en Mileto. Ella no puede hacer nada ante ello pero se muestra juiciosa y consciente de su situación ante el saqueo de su tumba y actúa de la mejor manera que sabe, como suplicante. A pesar de todo, es su belleza la que la salva en esta ocasión.

En Mileto se ve acosada por Dionisio a través de Plangón, su alcahueta. Calírroe se resiste pero acaba tomando la mejor decisión posible en aquel momento, casarse con él para proteger a su hijo.

El juicio en Babilonia, escena clave de la novela, la obliga una vez más a viajar en contra de su voluntad y la convierte en objeto de deseo de varios hombres más, entre ellos el Rey. A estas alturas Calírroe ha acumulado una cierta experiencia para lidiar con este tipo de situaciones y, siendo Artajerjes el más poderoso de sus pretendientes, es al que se resiste con mayor vehemencia saliendo airosa de los dos asaltos del eunuco Artaxates (VI-5-9,10 y VI-7-8, 9, 10).

Es incluso víctima de su propio marido, Quéreas. El golpe que éste le proporciona la convierte en una muerta en apariencia. A pesar de todo, Calírroe jamás se muestra rencorosa con él sino todo lo contrario. Quéreas es su objeto de deseo, es el motor de su existencia. Hasta que se produce el reencuentro final no cesa de soñar con él y, lo que es más curioso, no deja de sentirlo cerca de algún modo. Por Quéreas decide tener al niño y casarse con Dionisio. Por él, rechaza los amores del Rey y de otros pretendientes. Sin embargo, no le es incondicional del todo y, si es preciso, es capaz de mentirle también para ser honesta con Dionisio al escribirle a éste la carta de despedida.

El personaje de Calírroe evoluciona a lo largo de la narración, desde que la vemos por primera vez en Siracusa enamorada de Quéreas, hasta el final. Durante este tiempo, se produce un proceso de maduración fruto, sin duda de las experiencias vividas. Hasta el secuestro de los piratas, se limita a ser la chica buena que sus padres y la sociedad esperan que sea. Obedece a su padre que le pide que rinda culto a Afrodita e incluso que se case con un hombre cuya identidad ignora. Todo ello sin protestar ni cuestionar nada.

A partir del rapto, toma de alguna manera las riendas de su vida, adoptando las decisiones que hemos visto empezando a mostrar su lado más fuerte. Empieza a rebelarse a enfadarse y a no hacer todo lo que los demás quieren que haga. No le importa engañar a Dionisio si ello es por salvarse a sí misma y a su propio hijo. Para que no la delate se gana para siempre la fidelidad de Plangón, su cómplice, liberándola de la esclavitud (III-8-1). Se muestra astuta también haciendo jurar a Dionisio que nunca la abandonará para que así nadie pueda hacer nada contra ella por ser extranjera (III-2-4,5).

Al ser llevada a Mileto y ser vendida a Dionisio se convierte en su esclava. Se produce pues un cambio de estatus que abandonará con la boda con éste. Sin embargo, Calírroe nunca se siente esclava en realidad. Si en II-5-7 se llama a sí misma esclava es por conveniencia, para producir pena en Dionisio y ocultarle parte de su pasado, en este caso, la existencia de Quéreas. Por lo demás, en todo momento se siente orgullosa de su origen y de ser la hija de un estratego. En el libro VIII tras el despertar heroico de Quéreas se ve a sí misma como la esposa de un estratego comportándose con las prisioneras persas con la magnanimidad descrita anteriormente.

En el libro VIII tenemos a una Calírroe transformada. Podríamos hablar de una mujer que se comporta y toma decisiones de forma madura, aconsejando a Quéreas (VIII-2-4 y VIII-3-2) y ocultándole su carta a Dionisio por temor a los celos del primero. Sus vivencias la han hecho una mujer distinta. Sin embargo, hay algo que en ningún momento cambia en ella, su incondicionalidad y fidelidad a Quéreas. Esto no deja de ser otro convencionalismo de la novela griega, la castidad y la fidelidad de los amantes. Calírroe no es del todo casta puesto que se entrega a Dionisio en un segundo matrimonio. A pesar de ello, esta entrega no es total, como vemos en el diálogo mental que mantiene con su hijo no nato y el propio Quéreas en II-11-1,3. Calírroe lo hace por amor a Quéreas, como todo lo demás.

A continuación vamos a examinar la relación de Calírroe con ambos Quéreas y Dionisio, detalle importante si tenemos en cuenta que ésta es la única de las novelas conservadas en la que la heroína se casa dos veces.

Centrémonos primero en Quéreas. Al comienzo de la novela, el narrador lo describe como un "muchacho de hermosa figura, que sobresalía entre todos"[9], como no podía ser de otra manera. Es hijo de Aristón, el segundo hombre de Siracusa, detrás de Hermócrates. Practica deporte y son sus compañeros de gimnasio quienes consiguen en asamblea que se produzca su boda con Calírroe.

La características principales de la personalidad de Quéreas son su credulidad y los celos, de lo cual se aprovecharán los despechados pretendientes de Calírroe que, engañándolo en dos complots diferentes, conseguirán que éste se precipite y agreda a su amada sin ni siquiera darle la opción de defenderse. La patada que le proporciona en el diafragma a Calírroe produce la muerte aparente de ésta, desencadenando posteriormente la acción, como hemos visto.

Estos hechos indican, sin duda, que se trata de una relación desigual. Al menos en esta etapa de la relación Quéreas se muestra naif e inmaduro, fácilmente manejable, mientras que Calírroe es la víctima paciente que aguanta estoicamente quizá sin saber muy bien a cuento de qué vienen todos estos desplantes.

Ahora bien, una vez que comienza el viaje en busca de Calírroe, ¿cómo afronta Quéreas sus actos y las aventuras que le tocan vivir? En principio con pasividad e irresolución, al menos hasta el libro VII. Hasta ese momento se limita a seguir el rastro que va dejando ésta pero parece que no es capaz de conducirse solo sino que siempre necesita tener a su lado a su fiel y abnegado amigo Policarmo.

En numerosas ocasiones Quéreas cae en la desesperación y será su incondicional amigo quien tenga que salvarlo del suicidio (I-5-2; I-6-1; III-3-1; V-10-6,10; VI-2-9,11). Policarmo cuida de él hasta el final llegando a engañar a sus propios padres para

---

[9] I-1-3.

escaparse con Quéreas en busca de Calírroe (III-5-7), trabajando el doble por él cuando ambos son hechos esclavos en Caria (IV-2-2).

De nuevo, apreciamos una diferencia notable entre ambos protagonistas. Mientras que en esta etapa Calírroe ya ha aprendido a manejarse como puede en situaciones difíciles, Quéreas cae en la desesperación cada vez que se le plantea el menor problema. Él mismo se compara con Calírroe en V-2-5 durante la estancia en Babilonia. Reconoce su cobardía al no rebelarse para verla sabiendo que está cerca mientras que, de haber sido al revés, ella no hubiera sido tan abnegada. En V-9-5 es la propia Calírroe la que no puede creer que, habiéndola visto Quéreas por primera vez en mucho tiempo durante el juicio, éste haya aguantado sin acercarse a abrazarla o darle un beso.

La última tentativa de suicidio de Quéreas se produce en VII-1-6 al creerse nuevamente el engaño que prepara Dionisio para conseguir a Calírroe sin necesidad de que se resuelva el juicio. En esta ocasión Policarmo se verá incapaz de consolarlo y decidirá no sólo no disuadirlo, sino suicidarse con él por solidaridad. Sin embargo, tampoco quiere que su muerte sea en vano sino que con ella se cause un gran daño a quienes les obligan a acometer tan penoso acto.

Esta decisión de Policarmo será la clave de la transformación de Quéreas en un héroe a la altura de Calírroe. Se alista en el bando egipcio para causar daño al Rey demostrando astucia y valentía al ganar Tiro (VII-3, VII-4) y después Arados (VII-6-1,3) para la causa egipcia. En esta parte de la historia la figura de Policarmo se desvanece y crece la de Quéreas que es considerado un héroe por sus compañeros (VII-5-11). Sin embargo, es el único que no celebra la victoria ni hace sacrificios por no poder verlo Calírroe.

En VII-6-10,12 demuestra haber aprendido a tratar a las mujeres mostrando a uno de sus hombres cómo ha de tratar a la cautiva Calírroe que se resiste a un nuevo matrimonio sin saber que en realidad acaba de recuperar a Quéreas para siempre. Las mujeres envidian a Calírroe por haber conseguido al mejor de los hombres (VIII-1-11). Al final del libro VIII los celos de Quéreas se han suavizado (VIII-1-16) y se muestra cabal en el trato a Estatira y su devolución a Artajerjes. Lo mismo ocurre en la planificación del viaje de vuelta a Siracusa.

Para Calírroe no hay más hombre que Quéreas pero, como hemos visto, para asegurar su supervivencia y sobre todo la del hijo que espera de Quéreas se ve obligada a contraer matrimonio con Dionisio, el ciudadano más importante de Mileto. La relación que mantiene con él es, en definitiva, de conveniencia. Sin embargo, esto no quiere decir que no lo quiera. La prueba más fehaciente de ello es la carta que le escribe al final encomendándole el cuidado del hijo común y, a la vez, el encargo que le hace a la reina Estatira de velar por él, pues teme que pueda llegar a suicidarse al verse privado de ella[10].

Calírroe ama a Dionisio pero es éste un amor diferente del que siente por Quéreas. La diferencia estaría en que el amor que siente por Quéreas es más carnal, más pasional más idealista o, en definitiva, romántico pues haga éste lo que haga, Calírroe nunca cuestiona los sentimientos que tiene hacia él. Por Dionisio, sin embargo, siente algo más mundano. De él obtiene protección y seguridad, un amor incondicional hacia ella y quizá es por esto por lo que sabe que puede confiarle el cuidado del hijo.

Como hemos visto, el personaje de Calírroe es más complejo de lo que en principio se podría esperar. Es cierto que tiene mucho de convencional (su origen, su belleza, su fidelidad por Quéreas…) pero, al mismo tiempo, ante situaciones adversas que le sobrevienen en soledad sabe conducirse con soltura, adquiriendo una madurez en el desarrollo de la narración que la convertirán en una mujer a la altura de las circunstancias cuando, de vuelta a Siracusa, tenga que desempeñar el papel de hija del estratego Hermócrates y esposa de Quéreas, convertido en héroe tras sus hazañas en el Mediterráneo occidental.

Se trata de una heroína un poco atípica, además, por el hecho de ser mujer en un mundo evidentemente masculino y saber conducirse como uno más de éstos poniendo a cada cual en su lugar y evitando ser ese "objeto" sobre el que todos creen tener derecho. Es, en definitiva, un personaje lo suficientemente interesante y atractivo como para motivar que se siga leyendo la que podemos denominar primera novela de la tradición occidental.

---

[10] VIII-4-9.

Bibliografía:

- Fuentes primarias:

CARITÓN DE AFRODISIAS/ JENOFONTE DE ÉFESO (1987), *La novela griega antigua: Quéreas y Calírroe/ Habrócomes y Antía*, edición de M. C. Herrero Ingelmo, Madrid, Akal.

- Fuentes secundarias:

GARCÍA GUAL, C. (2008), *Las primeras novelas: desde las griegas y latinas hasta la Edad Media*, Madrid, Gredos.

JIMÉNEZ JIMÉNEZ, M. D. (2002), "Los mundos posibles de Calírroe: la heroína de Caritón bajo la perspectiva de un análisis semántico", en *Excerpta Philologica*.

LÓPEZ FÉREZ, J. A. (ed.) (2008), *Historia de la literatura griega*, Madrid, Cátedra.